LES

PARASITES

DE LA REVANCHE

DU MÊME AUTEUR

———

EN VENTE :

PREMIÈRE LIVRAISON DES PARASITES DE LA REVANCHE

SOUS PRESSE :

TROISIÈME LIVRAISON DES PARASITES DE LA REVANCHE

———

Clichy. — Impr. Paul Dupont et Cⁱᵉ, rue du Bac-d'Asnières, 12.

JULES FÉNÉON

LES PARASITES

DE LA REVANCHE

DEUXIÈME LIVRAISON

RÉORGANISATION DE L'ARMÉE

AU POINT DE VUE CIVIQUE

Faire du citoyen un soldat.
Faire du soldat un citoyen.

PRIX : 1 FR. 25 CENT.

PARIS

E LACHAUD, ÉDITEUR

4, PLACE DU THÉATRE-FRANÇAIS

1871

LES PARASITES

DE LA REVANCHE

I

AVANT-PROPOS

Faire du citoyen un soldat.
Faire du soldat un citoyen.

Nous assistons aujourd'hui en France à un singulier, mais bien triste spectacle, la nation est dépourvue de tout principe gouvernemental, la natiou n'est plus monarchiste et n'est point encore républicaine !

Les citoyens ruraux[1] surtout ne savent plus à quel nouveau saint, ou mieux à quel nouveau diable se vouer. Napoléon le Petit n'est plus ; ils sentent qu'il s'est abîmé, avec toute sa lignée, dans la honte et l'infamie ; que par suite la légende napoléonienne est complétement éteinte aujourd'hui. Si vous

---

[1] Nous employons ici l'expression des *ruraux*, dans tout le sens relevé du mot, pour désigner les travailleurs des campagnes, ces braves citoyens nos frères qui, dans leur conviction naïve, ont tant contribué à imposer aux citoyens des villes le règne détestable du héros de Sedan.

adressez en effet, à un brave rural, à un ancien protecteur du prince de Sedan, qu'il soit fermier, rentier, propriétaire, petit industriel, etc..., une incitation politique, si vous lui posez les questions du jour : les Napoléons sont finis ! qu'allons-nous devenir ? Nous devons nous décider de suite sous peine de désorganisation, de mort nationale ; voyons, que pensez-vous de la monarchie ou de la république ?

Tous vous répondent, à peu près invariablement : Mon Dieu, la République, une sage République, ce serait certes le plus beau des gouvernements, mais c'est bien difficile à obtenir, *et puis on n'en veut pas ! !*

Comment, *on n'en veut pas !* Précisons, qui n'en voudrait pas ?...

Vous le savez bien ! les nobles, les prêtres, les riches.

Vous pensez ? Soit ! mais vous qui n'êtes ni noble, ni prêtre, ni riche, sachez répondre consciencieusement : seriez-vous de l'avis de ces messieurs ? Vous auriez oublié bien facilement alors les traditions de nos pères ; ils étaient d'un avis diamétralement opposé, et ont eu, dit-on, un rude mal à se dépêtrer de ces gens-là.

C'est bien vrai !

Enfin, soit ! nous saurons faire temporairement le sacrifice de la république, puisque vous vous trouvez tous d'accord. — Revenons donc sincèrement à nos antiques traditions gouvernementales, à cette maison de France, sous l'égide de laquelle notre nation a pu se constituer bien lentement, mais néanmoins progressivement, à nos rois Bourbons. Rallions-nous sous les plis glorieux de notre vieux drapeau français, qui conduisit si souvent nos soldats à la victoire, à la conquête de notre Alsace, de notre Lorraine, de ces deux superbes provinces, que Bonaparte a eu la couardise de nous laisser reprendre avec le drapeau tricolore !

Oh ! monsieur, qu'osez-vous dire, vous devez cependant connaître quelque peu notre histoire ! Les Bourbons, le drapeau blanc ? et les émigrés, et la prêtraille, et les chouans !!

Alors vous sauriez à quoi vous en tenir ?

Certes !

Bien, mais abandonnant la forme républicaine, cherchons au moins à nous fixer ! que pensez-vous des citoyens d'Orléans ? Bientôt, du reste, s'ils ont la patience d'attendre, ils vont être en mesure de s'inscrire comme *Bourbons-Légitimes*, puisque le chef de cette branche cadette d'Orléans se trouve être, en même temps aujourd'hui, l'héritier direct de la *maison de Bourbon*.

Vous parlez toujours de rois ! et puis, du temps de *Louis-Philippe*, mon père n'était pas électeur.

Vous tenez donc beaucoup à demeurer électeur ?

Et vous ?

Moi aussi, mais il est probable que les citoyens d'Orléans voudraient bien nous conserver ce droit-là ; en somme, en voulez-vous ?

C'est pas sûr !

Expliquez-nous donc au moins votre aveugle attachement pour ce deuxième Empire, pour le *misérable artisan* de la ruine et du démembrement de la patrie ? Vous n'avez point hésité jadis, quand il fut question d'approuver le renversement illégal de la république, le crime du 2 décembre.

Tiens ! jamais je ne vendrai mon blé, mes bestiaux dans d'aussi bonnes conditions ; jamais mon commerce n'arrivera à être aussi productif ; ah ! quel tort m'a fait *Napoléon* en déclarant cette affreuse guerre de Prusse ; quelle sottise imprévue commise; tout, à ce moment-là, marchait si bien en France !

Vous trouvez ! mais d'aucuns prétendent qu'elle vous fut demandée, le 8 mai 1870, cette autorisation de déclarer cette maudite guerre de Prusse ?

Vous croyez ? Pas possible !

Certes, n'auriez-vous pas voté oui, ce jour-là ?

Oui peut-être, oui pour la paix, au contraire !

Alors vous auriez été indignement trompé ?

Ah ! quel tort il m'a fait en la déclarant cette diabolique guerre, *le brigand !* mes affaires marchaient si bien !

Laissons cela, le mal est fait, nous devons nous résigner, mais concluons : qu'allons-nous devenir, que désirez-vous ? la république ou la monarchie ?

C'est peu commode, mais je voudrais bien faire mes affaires !

Voilà où en serait, selon nous, la situation politique de la majorité, en France.

Quand on aime son pays, on doit avoir le courage de s'efforcer de lui faire envisager sa situation, *son état d'exister,* même dans toute sa laideur, et de lui signaler les déplorables conséquences du courant d'idées du jour.

La population de la France peut, selon nous, être classée en cinq catégories politiques bien distinctes :

1° La catégorie des travailleurs des campagnes ou *ruraux,* qui est dépourvue de principe gouvernemental, qui n'est plus monarchiste et n'est point encore républicaine.

2° La catégorie des travailleurs des villes imbue de théories républicaines, mais qui tendrait, en faussant les principes, à atteindre l'extrême limite de l'exagération.

3° La catégorie des hommes libéraux, des lettrés de bonne nature et de bonne foi, conduits par leurs recherches histori-

ques, par leurs méditations d'hommes de bien, à reconnaître
dans le respect absolu du droit immuable du peuple, dans l'application du principe républicain dans toute sa sublime pureté,
une manifestation de la divine justice, un droit immuable de l'humanité, le but à atteindre, le port de bonheur relatif indiqué
sur la terre aux hommes de bonne volonté.

4° La catégorie des royalistes, *ou légitimistes sincères, con-
vaincus.*

5° La catégorie des royalistes d'occasion ou de mauvais aloi,
comprenant les lettrés de mauvaise nature ou de mauvaise foi.
Enfin tous les égoïstes de la rente.

La première catégorie, plus nombreuse à elle seule que les autres catégories ensemble, quoique foncièrement bonne, est cependant la plus inquiétante en ce sens, que son éducation politique
n'étant même pas ébauchée, elle se laisse dominer par un impérieux désir de jouir de son bien, de faire avant tout ses propres
affaires, ce qui ne saurait être juste ni rationnel, qu'à la condition,
essentielle de contribuer en même temps, à une bonne gestion des
affaires générales du pays. — Ses sentiments, ses sentations
n'ont pu encore être assez relevés, épurés, pour la conduire à
reconnaître qu'une nation ne saurait se maintenir fière, libre,
et partant riche, prospère, qu'au prix de certains sacrifices
personnels, même à un moment donné, au prix d'absolus dé-
vouements. — Son manque d'instruction la laisse à peu près
sans défense, malléable par d'indignes exploiteurs. Un défaut
d'homogénéité, les difficultés presque insurmontables de temps
et de lieux, pour arriver à l'occasion à se reconnaître, à pouvoir
s'entendre, à discuter *en commun* les intérêts généraux, la rendent trop facile à diriger, non point dans le sens d'un retour à
un passé, qui a pour lui son époque, ses gloires immortelles,
sa prospérité (elle ne saurait en vouloir sous aucun prétexte,

par instinct, disons même par un sentiment d'égoïsme), mais par de mauvais Français, dans un détestable chemin de perdition et d'infamie, par ces hobereaux conjurés qui certes n'hésiteraient pas à désigner, aux habitants des campagnes, ainsi qu'en 1848, quelque nouvel aventurier comme sauveur prédestiné de la société en péril !

La deuxième catégorie, celle des travailleurs des villes, présente des dangers d'exagération dont il nous faut savoir tenir compte immédiatement. — Les citoyens qu'elle renferme irrités, exploités parfois outré mesure, éloignés par profession de la noble vie de famille, énervés par le travail lancinant de l'atelier, qui ne leur permet à peine qu'une courte entrevue le soir de l'intérieur privé, groupés en grand nombre, dans les grandes villes, en situation par là de se rendre compte, mieux que tout autre, des bénéfices de la fortune, rendus envieux, injustes, surtout par l'affichage sous leurs yeux d'un luxe éhonté, produit généralement dans ces derniers temps, de l'intrigue et de la débauche, ont grand besoin d'être soutenus, encouragés, même ménagés, mais surtout doit-on les mettre à l'abri des tentatives des sectaires, ces infâmes pourvoyeurs de la réaction !

La troisième catégorie constitue la gloire du grand parti républicain, elle se compose de tous les amis, de tous les bienfaiteurs absolus de l'humanité, elle compte dans ses rangs la plupart des savants. — Sa composition la rend respectable, même pour ses plus cruels ennemis.

Pour la quatrième catégorie, nous nous bornons à formuler nos respects. — Elle se compose d'hommes d'honneur à probité politique, à principes absolus. Elle nous rappelle les grandeurs de notre France, de la France de nos ancêtres, la constitution bien lente, mais néanmoins progressive de notre patrie sous la tutelle de ses rois, les prouesses de nos braves chevaliers sans peur et sans reproche.

La cinquième catégorie constitue la tache d'huile, la plaie gangréneuse de la patrie ! — Elle se recrute de tous les égoïstes du jour, de tous les bateleurs, de tous les hommes à expédients, de tous les folliculaires stipendiés, malheureux que l'or enserre, et qui, reculant en présence de la noble aridité des travaux consciencieux, ont consenti bassement à livrer une plume vénale à quelque nouveau Sardanapale des sueurs du peuple. — Elle renferme tous les prévaricateurs, tous les *infâmes parasites* des sociétés, en un mot cette tourbe maudite de mauvais citoyens, dignes émules des misérables, qui ont pu contribuer au triste avénement du deuxième empire, qui demain livreraient sans pudeur la France à tout nouvel aventurier, dans l'ignoble espoir de ronger ensemble les nobles épaves de notre cher pays. — Elle constitue l'école qui, depuis le 18 Brumaire, est parvenue à conduire notre France aux abîmes, et aboutirait à consommer sa ruine, si nous laissions à son influence délétère le temps de façonner à son profit nos braves ruraux, de les préparer à une nouvelle combinaison gouvernementale, digne de ces Grecs du Bas Empire.

Tel serait aujourd'hui l'état politique de la France, tel du moins il nous apparaît. — Le danger de désorganisation, d'abaissement moral et national serait, selon nous, palpable, imminent. — Heureusement nous entrevoyons les topiques efficaces, non-seulement pour enrayer la détestable catastrophe, mais de plus nous avons acquis la conviction que nous parviendrons, en agissant promptement, avec énergie, à nous reconstituer une France plus fière, plus patriotique, plus noble, plus vivace, plus solidaire, plus virile que jamais.

Les deux topiques sauveurs seraient :

1° Une bonne loi d'enseignement national en général, surtout d'enseignement primaire ;

2° Une bonne loi militaire.

Il faut, depuis l'enseignement primaire, en poursuivant tous les degrés, que l'enseignement soit essentiellement national, c'est-à-dire accuse pour principal but de constituer de chaque individu un homme de cœur, d'honneur, un bon citoyen ; il faut que la loi détermine *ne varietur* non-seulement la portée et l'importance relative de l'enseignement pour chaque période, mais de plus qu'elle impose une désignation scolaire des auteurs, surtout des historiens, à prendre pour guides, et partant dignes d'être placés entre les mains des jeunes gens ; il faut surtout qu'il soit déterminé de lire, de commenter à nos enfants, dans nos écoles primaires, des traits de morale, de courage, de vertus civiques, de sacrifices, de dévouement absolu à sa nation, à sa patrie ; il faut que les élus, les privilégiés de chaque génération, appelés au bonheur de poursuivre des études supérieures, se perfectionnent dans la même éducation scolaire, civique, historique, que celle dont les enfants du peuple auront retenu les rudiments ; il faut éviter, avant tout, de fausser le jugement, le cœur des uns, au grand détriment des autres, au grand détriment de la solidarité vivifiante de nos jeunes citoyens de l'avenir ; il faut qu'une éducation essentiellement nationale nous prépare pour représentants, pour légistes, des hommes vertueux, des patriotes de même origine civique, et non point des chefs de factions aussi différents de tendances, d'appréciation, de jugement ; il faut que tout Français apprenne l'histoire de son pays, dans un ouvrage honnête, classique, discuté, approuvé par l'Assemblée nationale, et non point les uns par la pratique de documents sérieux, sagement libéraux, et les autres par a lecture des immondices de *pères Loriquets* ; nous devons nous grouper; nous devons enfin éviter de laisser désorganiser, démembrer notre France, par les dernières convulsions *in extremis*, de l'ultramontanisme aux abois. . . . .

. . . .

Nous voulons que tout Français valide passe sous le niveau militaire, pour y acquérir dignité, instruction spéciale, discipline, amour du devoir et de la patrie; nous voulons que le jeune savant, le jeune noble, l'enfant du peuple, partagent au service de la France le même lit de camp; nous voulons que les jeunes Français de tous rangs sentent palpiter leurs cœurs ensemble, sous la mitraille ennemie; nous voulons que plus tard l'homme à carrière libérale, le grand seigneur, arrivent à reconnaître un vieux compagnon d'armes dans le prolétaire, et à toucher sa rude main, armée d'un outil ou de la charrue. .

. . . .

Arrêtons ici les expansions de nos impressions, de nos méditations qui nous ont fait admettre que nous devons rencontrer avec certitude notre salut dans l'élucubration de denx bonnes lois, l'une militaire, l'autre d'enseignement, et qui de plus nous ont incité, à essayer de toucher successivement à ces deux questions vitales. — Nous traitons aujourd'hui la question de la réorganisation militaire[1]. Nous osons espérer de la tolérance pour notre hardiesse téméraire, et que les imperfections dues à notre insuffisance, pour une question qui touche à toutes les branches de l'économie politique d'une nation, trouveront peut-être des excuses, en considération de notre bonne volonté, de nos bonnes intentions, de notre amour pour notre pauvre patrie démembrée.

J. Fénéon.

Ballancourt (Seine-et-Oise), ce 15 octobre 1871.

---

[1] L'étude de la loi d'enseignement fera l'objet d'un autre opuscule.

II

CONSIDÉRATIONS GÉNÉRALES

Nous avons pris connaissance de travaux remarquables, considérables, relatifs à la réorganisation de l'armée en France. Cette avalanche de projets divers est pour nous de bon augure. — Sait-on pourquoi nous le disons ? Tout homme qui se préoccupe d'une réorganisation efficace de l'armée, doit se sentir embrasé par une arrière-pensée, par une incitation immuable à satisfaire, et ne saurait être *un parasite de la revanche.*

Toutefois jusqu'ici, cette question primordiale n'a généralement été traitée qu'au point de vue militaire proprement dit, c'est-à-dire que les projets divers édités, se bornant à manifester des tendances spéciales, à se préoccuper surtout des détails de l'éducation militaire, de la réglementation intérieure, de la constitution des cadres, de la provenance et de l'avancement de MM. les officiers, de la tenue militaire, etc., n'auraient point encore indiqué la nécessité absolue de constituer une armée nationale civique, et par suite proposé des moyens efficaces pour atteindre ce noble but. — En résumé, on se serait beaucoup plus préoccupé du corps que de l'âme, *de la nouvelle armée française.*

L'âme de toute armée nationale doit être une réflexion convergente de l'âme, des tendances de la nation dans son ensemble, *une production directe et complète de ses entrailles.*

Par opposition, *l'âme* de toute armée prétorienne est la réflexion convergente de la somme des tendances intéressées, d'une quantité aliquote d'individualités égoïstes, groupées, ne voyant rien au-delà de la protection armée, ou mieux de la conservation, coûte que coûte, à la tête de la nation de l'homme ou des hommes chargés de distribuer les honneurs, les oripeaux, les sesterces. — En outre, il demeure évident, que, quel que soit le degré de perfection de toute réorganisation spéciale militaire, tant que l'âme de l'armée n'aura pas été mise à l'unisson de l'âme de la nation, et de plus purifiée, perfectionnée, que l'armée française ne saurait posséder contre l'ennemi extérieur la puissance complète, *la puissance maxima*, et que de plus, pour l'intérieur, sa constitution défectueuse la maintient corruptible, à chaque instant, et partant susceptible de devenir prétorienne.

Nous laisserons naturellement aux hommes spéciaux la question d'organisation au point de vue militaire proprement dit, c'est-à-dire au point de vue des détails techniques, nous bornant à essayer de traiter la question au point de vue civique. — Cette étude nous paraît d'autant plus intéressante, que nous avons la conviction, que si l'armée allemande a pu atteindre une très-grande perfection purement militaire, on se serait peu préoccupé de sa perfection civique ; que dès lors la délivrance serait, pour notre pauvre pays, le prix de sa foi vive dans le perfectionnement, disons *spirituel,* que nous entrevoyons, perfectionnement supplémentaire, que le degré actuel de civilisation de l'Allemagne, sa constitution encore féodale, ne sauraient permettre d'acquérir, tout au moins à un degré aussi parfait.

Nous désignerons notre système militaire civique sous ce titre générique : *La permanence militaire de la France.*

Constituant :

En temps de paix, *une armée en permanence ;*

Au jour de la guerre, *une nation susceptible d'être armée, au fur et à mesure des nécessités du moment.*

Qu'entendons-nous par armée en permanence ?

Nous entendons par armée en permanence, la permanence d'un corps spécial organisé, tiré annuellement des entrailles de la nation, composé d'hommes bien constitués, et chargé par délégation, en temps de paix, de défendre, de protéger l'universalité des citoyens, appelés à rendre des services d'une autre nature à la société constituée.

Qu'entendons-nous par une nation susceptible d'être armée ?

Nous entendons par une nation susceptible d'être armée, une nation préparée, par une éducation nationale, à la pratique des vertus civiques et militaires, dont tous les citoyens ont été, en temps voulu, exercés au maniement des armes, et rompus aux fatigues de la guerre.

Franklin a écrit jadis : « *Il est possible que la force organise* « *des armées, mais c'est le droit seul qui organise les États.* » — Nous avons acquis la conviction que, surtout aujourd'hui, l'emploi de la force ne saurait produire que des organisations éphémères des armées, et que partant le droit seul peut organiser aussi bien les armées nationales que les États.

Nous ne nous arrêterons pas à démontrer que, pour un État, procéder à une bonne organisation de son armée, constitue non-seulement un droit, mais encore un impérieux devoir. Comme preuves matérielles, il suffit actuellement de conserver un souvenir à **MM.** les Prussiens. — Nous nous bornerons à rechercher si un seul citoyen valide pourrait se dispenser du service militaire, c'est-à-dire de constituer nombre ou utilité, par la constitution de la permanence militaire de la France.

Examinons si une délégation, *ou mieux la destination militaire légale* , peut s'étendre jusqu'au sacrifice absolu d'une fraction aliquote virile de la société, au bénéfice des autres citoyens valides pouvant porter un mousquet. Nos méditations, qui nous ont fait admettre tous les autres genres de délégation, ou mieux toutes les autres espèces de destinations spéciales, n'ont pu que nous imposer de considérer, *une délégation spéciale, par avance, pour mourir à l'occasion*, comme une monstruosité, par ce motif, que la mort est personnelle comme la vie, et que par suite *l'impôt du sang*, ou mieux l'impôt pouvant conduire au sacrifice complet, à la mort, doit être essentiellement personnel.

Après ces quelques considérations de haute moralité, passons aux considérations spéciales inhérentes aux circonstances, et relatives à la régénération nationale, à la délivrance.

Une nation ne saurait vivre sans se grouper sous l'impulsion d'une idée prédominante, d'un principe constitutif. — Un peuple monarchiste se groupe autour de sa noblesse, des feudataires, qui eux-mêmes se groupent autour du monarque, dans leur antique amour pour le roi et la patrie ; une nation émancipée ne peut sans périr transiger avec son idée, son principe, ses devoirs, ses priviléges civiques militaires, et doit être toujours prête à se grouper autour de son drapeau, dans un saint amour de la liberté et de la patrie.

La France a souffert, pour s'être oubliée à négliger temporairement le culte des grands principes constitutifs de sa vitalité.

La France doit en outre attribuer ses immenses malheurs : au manque absolue de persistance dans les opinions publiques ; au manque de solidarité entre les citoyens ; à un courant dissolvant d'égoïsme ; surtout à la pratique habituelle de l'égoïsme de la fortune et de l'égoïsme du savoir.

Nous ne nous étendrons pas sur les preuves d'un manque absolu, et sur la nécessité civique de persistance dans la pratique des opinions publiques, l'étude de cette question fera l'objet d'un opuscule spécial. Disons néanmoins que, nation volage, nous venons de payer le détestable tribut de notre légèreté. — Nous avons, en effet, fourni récemment à l'Europe déroutée, une preuve indélébile de notre versatilité, de notre manque de foi politique, en laissant, aux premiers échecs, s'abîmer sans résistance, dans le mépris et dans la honte, un gouvernement confirmé pour le pouvoir, quelques jours auparavant, par sept millions de suffrages français. — Cette versatilité coupable doit être extirpée d'urgence sous peine de mort.

Partant tous nos efforts doivent tendre à combattre son introduction dans les affaires publiques, à arriver à la suppression de cette infâme majorité flottante, dite vulgairement *armée roulante du scrutin*, qui a tant contribué, depuis le 18 Brumaire, en jetant des votes inconsidérés dans l'urne, à imposer à notre pays des gouvernements éphémères, sans principes, à étais vermoulus.

La solidarité est cette vertu publique primordiale, qui prend naissance dans cette conviction vivifiante, que, dans toute nation viable, aux points de vue, civique, militaire, politique, tous les citoyens doivent se considérer comme cautions individuelles, responsables ; conviction absolue, qui au jour du danger, doit conduire chacun à payer la dette du sang, jusqu'à concurrence du sacrifice complet.

Pourrait-on dénier que, temporairement, la pratique de cette vertu publique nous ait fait défaut ?

En France, l'égoïsme de la fortune et du savoir constitue les grandes plaies sociales du jour, plaies gangreneuses, qui, si elles ne sont point désinfectées de suite, par des topiques énergiques, précipiteront la ruine, l'anéantissement de notre superbe et malheureuse nation.

La plaie de l'égoïsme de la fortune visible, béante pour l'ensemble de la nation, devient inquiétante observée dans le sein des enfants du peuple parvenus, qui possédant enfin, grâce au travail, n'ont point encore vécu la période indispensable à l'épuration de ce légitime sentiment de plaisir et de satisfaction, inhérent à toute possession obtenue directement. Le patriotisme traditionnel se trouve neutralisé chez eux par l'effet d'une jouissance jusqu'alors inconnue. L'égoïsme tient le haut pavé, absorbe toute vertu civique, au point de leur faire oublier que le droit de possession sur la terre a pour corollaire inévitable, à l'occasion, la nécessité de l'acte de protection et de défense collectives, que toute jouissance personnelle ne saurait être admissible qu'à ce prix.

La plaie de l'égoïsme du savoir est aussi désastreuse et moins pardonnable. Mais selon nous elle peut être promptement cicatrisée ; en ce sens, que si pour la masse de la nation l'éducation nationale et politique se trouve à refaire, l'éducation en général subsiste quand même parmi les savants relatifs, qui, stimulés par nos immenses malheurs, sauront désormais comprendre qu'il ne s'agit plus aujourd'hui de tirer un égoïste parti de son acquis, de son savoir, ce qui ne saurait être juste et rationnel qu'à la condition de pratiquer, à l'avenir, l'obligation sociale exprimée par cette définition : *Tout savant relatif doit se considérer comme un instituteur obligé du peuple, en dehors du temps consacré à l'accomplissement des devoirs de son état.*

Terminons-en avec les considérations spéciales, et entrons

résolûment dans l'étude des bases de la réorganisation de l'armée au point de vue civique, de la constitution de la permanence militaire de la France. Nous comptons, avec conviction, sur les résultats bienfaisants, régénérateurs du contact obligatoire des soldats-citoyens, sous le niveau militaire, pour fouetter le sang de la nation ; réveiller le patriotisme traditionnel endormi ; reconstituer la solidarité vivifiante ; reconquérir un principe gouvernemental ; infuser à chaque individu l'amour absolu de la patrie, les vertus civiques, le noble et désintéressé sentiment du sacrifice.

III

COUP D'OEIL HISTORIQUE

Jusqu'à nos jours, il a été pratiqué en France quatre systèmes principaux de recrutement de la force armée :

1° L'enrôlement volontaire des nationaux ;

2° L'enrôlement volontaire d'étrangers mercenaires ;

3° L'application du principe du service obligatoire et personnel des citoyens ;

4° Le recrutement partiel forcé.

Le système de l'enrôlement volontaire des nationaux était presque exclusivement employé, par les monarchies européennes, avant la Révolution française. Il ne présentait, au point de vue de l'humanité, que l'unique avantage de ne permettre ni la levée, ni l'entretien d'armées nombreuses. Ce système, qui s'harmonisait en quelque sorte avec les priviléges de la noblesse, avait pour résultat *de faire du service de soldat* [1], un métier tout spécial, une profession manuelle librement choisie, d'atrophier comme conséquence le principe de solidarité nationale, d'empiéter sur les droits et devoirs des

---

[1] L'organisation militaire du temps, destinant tous les grades dans l'armée à la noblesse, constituait ainsi un privilége de caste.

citoyens, d'annihiler le patriotisme, de perpétuer un contre-sens, le plus dangereux des monopoles. Du reste ce mode de recrutement, même au point de vue pratique, n'est plus aujourd'hui digne d'examen, puisque sous la Restauration, revenue aux antiques errements, avant la promulgation de la loi militaire du 18 mai 1818, les engagements volontaires n'avaient pu fournir plus de 10,000 hommes, contingent reconnu insignifiant, pour pourvoir aux nécessités militaires de l'époque, relativement peu importantes.

Nous ne parlerons du mode d'enrôlement des étrangers mercenaires que pour mémoire. Il n'est pour nous qu'un pénible souvenir historique d'une de ces monstrueuses conventions du moyen âge, conformes, dit-on, au droit monarchique de l'ancien régime, mais certes contraires au droit national ; il rappelle ces époques néfastes d'équipées de reîtres et de lansquenets où, au nom d'un prétendu droit divin, on osait faire bon marché de l'autonomie des états, et des droits immuables des peuples. L'usage de ce mode retarda l'émancipation des nations de plus de *mille ans*, par l'emploi, admis par les rois, pour les dominer, d'éléments hétérogènes; les étrangers remplaçaient les nationaux, le soldat était converti en sicaire, la guerre extérieure en piraterie. Les guerriers n'étaient pas de braves citoyens, se sacrifiant pour la défense et la gloire de la patrie, mais de vils mercenaires gagés par les tyrans, employés à subjuguer, à asservir les peuples.

Le service obligatoire et personnel des citoyens repose sur ce principe que, dans toute société émancipée, le service militaire ou mieux *l'impôt du sang*, constitue un privilége obligatoire, une charge civique personnelle, *inévitable comme l'impôt et la mort.* Ce principe est la plus belle conquête de notre immortelle Révolution, la base de granit, indispensable à la conscrvation de l'édifice. Il constitue une conséquence forcée du droit national absolu, et aujourd'hui pour la patrie l'unique havre de grâce. Il s'agit, en effet, pour la France, d'y recueillir sa liberté, sa régénération, son indépendance ; car, ainsi que l'a si bien exprimé M. de Rotteck, « un peuple qui abandonne la « défense de sa liberté à une classe particulière, *devient lâche* « et incapable de résister lui-même aux agressions les plus in- « justes. »

Les engagements volontaires des citoyens, les appels au nom de la patrie en danger, les réquisitions des gardes nationaux de la République, enfin le décret de levée en masse de tous les Français valides, jusqu'à l'époque où le sol aurait été affranchi des envahisseurs, n'ont été, en 1792 et en 1793, qu'une manifestation spontanée du principe vivifiant du service obligatoire et personnel des citoyens (certes non encore organisé, réglementé). Et dès lors la nation par son irrésistible élan, par son sublime sacrifice, chassant, pulvérisant non-seulement l'étranger, mais en même temps les émigrés, ces Français trop coupables secondant leurs efforts, consacra ce principe immuable, qui, sans expansion possible jusqu'alors, resplendit tout à coup comme une splendide vérité.

Le principe du service militaire obligatoire et personnel des citoyens fut réglementé, sous le nom de *conscription*, l'an vi de la République, par le général républicain Jourdan, et la loi adoptée alors, sans être parfaite, consacra légalement cette conquête nationale. De l'an vi jusqu'en 1814, le principe du service obligatoire et personnel fut sensiblement maintenu. On introduisit bien dans les nouvelles lois militaires des ans vii, viii et xiii, certaines facilités, qui mitigeaient quelque peu l'obligation du service personnel ; le remplacement fut même toléré de citoyen à citoyen, traitant de gré à gré. Mais pendant cette période de guerres, le prix du remplaçant se maintint tellement élevé (des hommes furent payés alors jusqu'à dix mille francs), que l'on peut raisonnablement soutenir, que le service obligatoire et personnel fut maintenu, en fait, jusqu'à la chute de Napoléon Ier.

Il appartenait à la Restauration de renoncer au grand principe du service obligatoire et personnel, en abolissant *la conscription,* sa première manifestation.

Les rois Bourbons s'y décidèrent, tant pour flatter les populations, se faire accepter plus facilement par les habitants des campagnes, bénéficier du sentiment momentané de défaveur pour ce principe libéral, par suite de l'abus qu'en avait fait *l'usurpateur*, que pour se défaire d'une conquête nationale, en contradiction flagrante avec les traditions de l'antique royauté.

Les armées de Napoléon furent licenciées. — On créa des légions départementales, en y incorporant, comme noyau, les militaires des armées impériales [renvoyés temporairement, mais non encore libérés à titre définitif; on comptait en outre sur les enrôlements et engagements volontaires, pour combler les vides. — L'insuffisance des engagements ou enrôlements volontaires ne tarda pas (ainsi qu'il a été avancé plus haut), à être constatée. Comment faire? laisser l'armée se fondre? impossible. — Recourir aux enrôlements volontaires d'étrangers mercenaires? on n'osa pas; la haine de la France pour les étrangers, conséquence des guerres de la République, de l'Empire et des invasions récentes, interdisait tout expédient dans ce sens.. — Revenir à la conscription, au service militaire obligatoire et personnel? c'eût été utiliser un grand principe national, faire une concession à la révolution, et de plus rétablir une loi abolie comme moyen de propagande royaliste.

On trouva alors un mode bâtard, *on inventa le recrutement*

partiel forcé des citoyens. — Ce système, qui a été conservé, plus ou moins modifié, jusqu'à nos jours, fut mis en vigueur par la loi du 18 mai 1818, dite loi Gouvion-Saint-Cyr. — Le contingent annuel fut fixé par la loi à 40,000 hommes, à recruter proportionnellement entre tous les départements ; le mode de recensement déterminé ; le tirage au sort établi [1], pour la désignation personnelle des jeunes gens *tombés au sort*, pour chaque canton ; enfin la durée du service militaire fut fixée à six années. — De plus une réserve, sous la dénomination de *vétérans*, fut constituée, au moyen de dispositions légales, qui autorisaient le rappel sous les drapeaux, en temps de guerre, uniquement pour la défense du territoire du royaume, des sous-officiers et soldats libérés. — La durée de cette deuxième charge militaire fut également fixée à six années.

La loi de 1818 admettait les exemptions et les dispenses de service.

Les exemptions, prévisions légales, ne diminuaient pas le contingent, en ce sens qué lés *hommes exemptés* étaient remplacés par d'autres, dans l'ordre ascendant naturel des nombres.

Les dispenses, faveurs royales, étaient réservées au bon plaisir du monarque, et octroyées aux jeunes lettrés, qui, de l'appréciation du gouvernement du jour, étaient jugés dignes de continuer leurs études, dans l'intérêt de la science et de la poursuite des carrières.

---

[1] Nous indiquons ici que le tirage au sort ne fut réellement établi qu'à cette époque, car si les conscrits tiraient déjà du temps de la *conscription*, de l'an VI jusqu'à la chute de l'Empire, ce ne fut nullement pour faire désigner par le sort, comme aujourd'hui, parmi les jeunes gens, *les hommes tombés,* mais simplement pour déterminer, dans chaque classe (tout Français devant le service), l'ordre dans lequel les jeunes soldats devaient rejoindre les drapeaux.

Enfin le remplacement militaire était autorisé par cette loi.

En 1824, la loi de 1818 fut sensiblement modifiée. On supprima l'institution des *vétérans ;* le contingent annuel fut fixé par cette nouvelle loi à 60,000 hommes ; la durée du service militaire portée à huit années au lieu de six années. — Toutes les autres dispositions de la loi de 1818 furent d'ailleurs maintenues.

A la suite de la Révolution de 1830, il parut indispensable de remanier la loi de 1818, retouchée une première fois en 1824. — Ce remaniement produisit le seul résultat à en espérer, *l'effet d'une transaction bourgeoise*, et la loi du 21 mars 1832, dite loi Soult, fut simplement la consécration de ce nouvel ordre d'idées.

Du reste, tout homme qui, depuis 1791, a pu s'instituer détenteur du pouvoir souverain, n'a jamais manifesté une confiance absolue, ni dans son droit, ni dans l'aveu général de la nation : aussi s'est-il empressé, dans son intérêt personnel, dynastique, de flatter, de ménager, de gorger le parti qui le porta sur le pavois.

La loi royale du 21 mars 1832 ne put donc que maintenir toutes les dispositions antinationales des lois de 1818 et de 1824. On y inscrivit par suite, *en gros caractères bourgeois*, la facilité de remplacement, grâce aux écus. — La durée du service militaire fut réduite de huit à sept ans ; mais pour faire acte de concession au principe du jour, au principe parlementaire, la loi laissa aux chambres le droit de fixer le chiffre du contingent militaire annuel, qui, du reste, d'après l'avis primitif, fut maintenu, pendant toute la période de la royauté de Juillet, à 80,000 hommes.

Le contingent, passant subitement de 60,000 à 80,000 hommes, laissa *au nouveau souverain* la faculté de faire bon nombre de largesses bourgeoises, en substitution de l'octroi de ces dispenses royales dont un droit absolu ne pouvait lui être maintenu, vu sa situation de roi citoyen, du moins dans les conditions traditionnelles ménagées au roi Louis XVIII, roi de par le droit divin. — La loi de 1832 laissait, en effet, à l'appréciation du gouvernement, le droit de répartition des jeunes soldats qui lui étaient annuellement livrés en deux portions :

1° La portion de l'effectif présent sous les drapeaux ;

2° La portion complémentaire composée des hommes non appelés, ou envoyés en congé.

Cette combinaison mit, entre les mains du gouvernement de Louis-Philippe, un moyen de corruption dont il usa et abusa, car, chaque fois qu'il éprouvait la nécessité de fixer une majorité insoumise ou flottante, il n'hésitait pas à renvoyer de pauvres diables de militaires dans leurs foyers. C'était, comme on le désignait alors, enlever un vote, par la concession de la paix à tout prix.

L'introduction de l'autorisation de remplacement dans la loi de 1818, maintenue dans les lois de 1824 et de 1832, dont les effets pernicieux furent moins manifestes pendant la Restauration, par suite de la composition heureuse du premier noyau de l'armée royaliste, au moyen du rappel sous les drapeaux des vieux guerriers du premier Empire, n'arriva à développer toutes les conséquences forcées à attendre de l'application de ce principe antinational, que pendant le règne de Louis-Philippe. — Si bien qu'à la chute de la royauté de Juillet, par suite de l'aisance des classes moyennes et du prix peu élevé des suppléants (de 1,200 à 1,800 francs), les familles tant soit peu aisées, envahies par l'égoïsme, déshabituées de tout sentiment civique, ne se décidaient déjà plus à laisser partir les jeunes gens. — La défense du sol sacré, la protection de la France, se trouvait dès lors confiée, soit à de pauvres diables martyrs de la pauvreté, du capital, dont les familles n'avaient pu parvenir à réunir une misérable somme de 1,200 francs, soit à des vendus mercenaires.

Il appartenait au second Empire de perfectionner, dans le sens du mal, les lois monarchiques de recrutement. — La loi de 1855 aboutit à ce résultat, en créant et en substituant au remplacement l'exonération du service militaire. Jusqu'à cette époque, depuis la Restauration, si le remplacement avait été autorisé, ce n'était qu'à titre de simple tolérance, puisque le jeune Français *tombé au sort*, devait se procurer et présenter lui-même, son suppléant, dont il demeurait de plus responsable personnellement, après l'avoir fait agréer, pendant un an et un jour. — L'État restant donc complétement étranger à la transaction pécuniaire, le service militaire se présentait ainsi affublé de l'apparence déguisée de l'accomplissement du devoir personnel.

La nouvelle loi *empira* la situation. — L'État s'était déclaré *marchand d'hommes !* Si bien que tout individu en mesure de solder au gouvernement le prix annuel de *l'exonération,* se trouvait libéré de tout service · militaire, désintéressé de la patrie, relevé, pour une somme d'argent, de toute solidarité, tant pour le maintien de l'ordre intérieur, que pour la défense du pays. — L'armée française se trouva, par suite, composée en grande partie de mercenaires légaux, à ce point que, sur 32,000 sous-officiers, on arriva à constater dans ses rangs 23,000 rengagés avec prime, et que le noyau des défenseurs de la France put être formé de 283,000 hommes non fournis par les appels, *soldats primés,* dont l'introduction légale ne tarda pas à annihiler les conséquences vivifiantes de la pratique de l'impôt direct du sang. — L'armée, depuis cette époque, ne fut plus qu'une *garde prétorienne,* qui chaque année ne se renouvelait plus régulièrement des produits directs des entrailles de la nation. — La vénalité introduite, *par système,* dans les armées françaises devait nous conduire aux abîmes. — A la suite de la guerre de Crimée, le contingent fut porté de 80,000 à 100,000 hommes, sans autre résultat que d'augmenter les ressources *de cette bouteille à l'encre* qui avait nom caisse de la dotation de l'armée, c'est-à-dire de mettre en mesure le gouvernement d'alors de payer un plus grand nombre, soit de primes en argent, soit de prix d'engagements ; car il est bien établi aujourd'hui que, chaque année sous l'Empire, il ne fut jamais incorporé, en réalité, plus de 20 à 25,000 hommes provenant du contingent annuel.

Le coup de foudre de 1866, la manifestation subite de la supériorité de l'organisation des armées prussiennes, parut quelque peu dessiller les yeux, aux aveugles du gouvernement, principalement au général distingué qui, par exception, se trouvait alors chargé du portefeuille de la guerre.

La loi présentée en 1867 par le maréchal Niel constituait une manifestation, certes bien tourmentée, du principe du service militaire obligatoire et personnel ; le service militaire ne devenant réellement personnel que dans le troisième banc, c'est-à-dire dans la garde nationale mobile. — Le maréchal Niel demandait en effet : que la classe tout entière fût mise à la disposition du gouvernement, déduction faite des exemptions et des dispenses légales, sauf aux chambres à fixer annuellement la proportion relative de jeunes gens devant être incorporés de suite dans l'armée active (le complément de la classe restant toujours à la disposition du gouvernement) ; qu'une réserve fût constituée : 1° des soldats de l'armée active libérés après cinq ans de service ; 2° de tous les jeunes gens des classes, non incorporés dans l'armée active, les uns et les autres, dans la réserve, à la disposition du gouvernement pendant quatre ans; enfin qu'il fût créé une garde nationale mobile, composée de tous les jeunes gens du deuxième banc, qui, outre le temps de quatre ans dans la réserve, pouvaient être appelés à servir cinq années, comme mobiles, de vingt-quatre à vingt-neuf ans.

L'exonération était maintenue pour les jeunes gens incorporés dans l'armée active. La permutation admise entre les hommes de la réserve et les hommes de la mobile, et même le remplacement toléré ; de sorte que le service militaire obligatoire n'arrivait à être personnel (ainsi qu'il a été déjà précisé plus haut) que dans le cas de réquisition, au moyen d'une loi, de la garde nationale mobile.

Mais messieurs les députés d'alors, qui avaient à compter avec leurs commettants, à ménager leur réélection, devenus maîtres passés en servilité rurale, n'osèrent que revenir à la loi de 1832, sous prétexte que la loi présentée par le maréchal Niel aurait imposé aux populations des charges trop lourdes. Ils maintinrent le principe du vote annuel par les chambres de la quotité du contingent, le tirage au sort sa conséquence, et la répartition des jeunes gens de chaque contingent en deux portions :

1° La portion de l'effectif destinée de suite pour l'armée active ;

2° La portion complémentaire pouvant être laissée en réserve dans ses foyers.

La durée du service fut fixée à cinq ans, plus quatre ans dans la réserve. L'exonération fut supprimée, le remplacement et la substitution des numéros rétablis.

Enfin la loi établit néanmoins une garde nationale mobile, composée de tous les jeunes gens de chaque classe échappés au contingent. La garde nationale mobile ne pouvait être mise en activité qu'en vertu d'une loi spéciale ; la durée de service possible fut fixée à cinq ans.

Cette loi, simple simulacre du service obligatoire et personnel, fut votée en 1868. Malheureusement le gouvernement d'alors ne sut même pas tirer parti de cette loi militaire, encore bien imparfaite, et l'organisation de la garde nationale mobile n'était encore qu'à l'état rudimentaire au moment de la déclaration de cette funeste guerre de 1870.

IV

RÉORGANISATION DE L'ARMÉE

AU POINT DE VUE CIVIQUE.

> Faire du citoyen un soldat.
> Faire du soldat un citoyen.

Un coup d'œil historique sur les principaux systèmes de recrutement de la force armée, pratiqués en France, et surtout sur ceux employés depuis 1791, nous a paru indispensable, d'abord pour nous rendre compte des différentes transformations, mais surtout pour aboutir à démontrer, que l'abandon du grand principe du service militaire obligatoire et personnel des citoyens constitue la cause principale de la décadence de la nation, de l'anéantissement de son patriotisme, à ce point qu'au jour du danger, ses enfants n'étaient plus préparés ni moralement, ni surtout physiquement pour chasser l'envahisseur.

A la suite de nos immenses revers, la réorganisation de la force armée en France se trouve tout naturellement à l'ordre du jour ; les chefs militaires, tristes de nos défaites, s'en préoccupent vivement. De plus un rapport de la commission de la réorganisation de l'armée, ne traitant encore que des principes généraux, a été déposé dernièrement sur le bureau de l'Assemblée nationale. Cette préoccupation consolante est malheureusement aujourd'hui dûment justifiée. Mais tranchée précipitamment, elle aboutirait à une solution anticipée, en ce sens que la détermination de la forme définitive du gouvernement de la France devrait forcément précéder toute nouvelle organisation des armées de terre et de mer, et non la suivre. Nous croyons, en effet, que l'organisation des armées est une conséquence, une déduction directe de la forme du gouvernement, c'est-à-dire que le mode d'organisation des armées est complétement subordonné au mode de gouvernement adopté, et ne saurait par suite sans danger précéder son installation. Nous croyons en un mot, que l'organisation d'une armée monarchique ne saurait reposer sur les mêmes bases que celles devant étayer une armée républicaine.

De tout temps, les monarchies se sont appuyées sur des armées permanentes.

La sauvegarde d'une République ne peut se rencontrer que *dans la permanence militaire de la nation,* qui doit lui fournir, plus ou moins nombreuse, suivant les nécessités du moment, non point une armée permanente, mais bien son armée nationale en permanence.

Profitons d'abord de cet enseignement historique, que les armées permanentes, soutiens rationnels, souvent même obligatoires des monarchies, ont, dans l'antiquité, tué les libertés grecques et romaines; elles ont permis le passage du Rubicon, la mise à l'encan des empires, de notre temps le 18 brumaire.

Elles ont commis le crime du 2 décembre; elles ont, de nos jours, enregistré dans leurs annales ce jour à jamais néfaste, où quelques officiers généraux et supérieurs de l'armée de

terre ont livré la République, pour un galon supplémentaire
et de l'or. Elles ont permis cette infamie qu'ont pu commettre
quelques misérables armés par la nation, qui, déshonorant le
noble état militaire, ont lâchement, sournoisement, pendant une
longue nuit d'hiver, conduit nos soldats, nos frères dans les
carrefours de la ville pour en faire malgré eux des assassins!

Les armées permanentes, jusqu'à ce jour, véritables épées de
Damoclès suspendues sur toute nation libre, en ce sens qu'uti-
lisant la force brutale qu'elles possèdent, elles tendent toujours
à renverser, pour devenir prétoriennes, les organisations poli-
tiques-civiques, nées de la réflexion et de la délibération,
produits des labeurs des philosophes, des légistes, des bienfaiteurs de l'humanité, ne présentent pas, en général, les mêmes
dangers pour la conservation des institutions monarchiques,
car le souverain étant en même temps le général en chef, les
principaux officiers tirés de la noblesse, l'autorité militaire se
trouve ainsi placée entre les mains des protecteurs-nés de
l'autorité civile, c'est-à-dire entre les mains de ceux qui ont un
plus grand intérêt à maintenir la forme de gouvernement, dont
ils détiennent les principales faveurs civiles, les principaux
bénéfices.

L'organisation et le maintien, en Europe, d'armées permanentes de plus en plus considérables représentent, à notre avis,
les fruits désastreux des guerres d'envahissement et de conquête du premier empire. Les nations européennes pillées,
éventrées, subjuguées *par les bandes de Bonaparte*, obligées
de s'allier jadis, pour arriver à maîtriser les conséquences ter-
rifiantes de l'application du grand principe militaire, inauguré
par l'immortelle révolution, mais exploité indignement par un
despote, n'ont jamais oublié l'épopée impériale et les ruines
qu'elle traîna à sa suite à travers l'Europe. Et depuis cette

époque, chaque état s'est de plus en plus préoccupé, en augmentant ses armées permanentes, en perfectionnant ses institutions militaires, de se mettre à l'abri des agressions injustes, d'être ainsi en mesure d'assurer son autonomie, son indépendance. Ces tendances, encore peu marquées jusqu'en 1848, quoique sensibles cependant, sont passées à l'état de principe, chez les nations européennes, depuis la date funeste du 2 décembre, c'est-à-dire depuis cette déplorable journée où Louis Bonaparte fût porté sur le pavois. Le nom magique de Napoléon eut encore sur les nations tout son effet extérieur ; et dès lors peuples et rois de l'Europe, réconciliés par un sentiment de conservation, de protection mutuelle, combinèrent leurs efforts pour parvenir à s'abriter de tentatives de domination, de conquête, qu'ils considéraient, certes avec raison, comme une conséquence forcée, dans des proportions différentes, des traditions de la *famille corse.*

Le deuxième Empire, après avoir lutté contre la Russie, puis contre l'Autriche, avait terminé, après tout, ces deux guerres avec une apparence de victoire. Mais la Prusse eut la prudence de présumer qu'elle aussi, à un moment donné, aurait son tour ; elle se prépara au choc prévu, avec tous les soins que *l'historien de César* devait employer à désorganiser la force armée de la nation française. La maladresse de Louis Bonaparte et des conseillers de l'empire du 2 décembre a cela de particulier, qu'elle conduisit à commettre la faute insigne de saisir le plus mauvais moment pour déclarer cette funeste guerre de Prusse, après avoir laissé passer l'occasion favorable de 1866. Des indignes, des dévoyés, des bohémiens, *des parasites sans nationalité* n'étaient point, après tout, en situation de se rendre compte, que lutter, en pleine période d'agrégation des petits États allemands, c'était s'exposer à se briser, contre des résistances moins puissantes, mais néanmoins analogues, à celles rencontrées de 1791 à 1793, par les rois de l'Europe conjurés, obligés de renoncer à venir à bout des forces d'expansion de l'émancipation française. « On « se trompe, dit Montesquieu, si l'on croit qu'un peuple en ré- « volution est disposé à être conquis ; *il est prêt au contraire* « *à conquérir les autres.* »

L'application du principe républicain, dans toute sa pureté, aurait pour conséquence l'abolition des armées permanentes, même une grande réduction des armées nationales en permanence. Mais, nous sommes forcés de reconnaître, vu l'état inexplicable d'insolidarité dans lequel vivent encore les nations, tant que les motifs de la guerre et ses barbares lois seront discutés non point entre peuples, mais entre souverains, que cette infâme *monstruosité appliquée*, qui consiste à ne rencontrer que dans les aventures du champ de bataille l'unique arbitre des différents ménagés aux peuples par les despotes, impose à tout État l'obligation absolue de mettre ses richesses, son indépendance, son autonomie, ses conquêtes libérales surtout, sous la sauvegarde d'une force spéciale organisée, tirée des entrailles de la nation, préparée de longue main pour l'action extérieure, et en même temps élevée dans le respect absolu *des droits de l'homme et du citoyen.* Oui, nous serons malheureusement forcés de subir ces nécessités, tant que les pauvres peuples de l'Europe ne seront point parvenus à organiser entre eux une société de *protection positive*, entre États civilisés !

Mais, dans notre saint amour pour la France, si nous nous trouvons dans la nécessité d'entretenir des armées en permanence, notre préoccupation primordiale doit être, par une organisation *civique militaire*, de mettre, une fois pour toutes, la nation à l'abri des conséquences des tentatives prétoriennes, des crimes que leur mauvaise organisation, leurs détestables traditions, leurs tendances constatées jusqu'à ce jour, ont pu les conduire à commettre. La France ne saurait conserver, sans périr, une armée prétorienne, qui, depuis la Révolution, a pu porter sur le pavois *le monstre héroïque et le monstre couard,* puis, chaque fois, nous conduire à passer sous le joug, à subir la violation de l'intégrité de notre territoire!

En signalant une armée prétorienne en France, il est de toute évidence que nous ne pouvions appliquer cette dénomination qu'aux chefs militaires eux-mêmes, qui s'en sont rendus justiciables, par suite de tant de méfaits anti-civiques, perpétrés par eux depuis la période d'émancipation, et que la nation, exploitée indignement, ne saurait être responsable de machinations dont elle fut chaque fois la triste victime. Chose consolante, du reste, le soldat lui-même n'a pas encore eu le temps de se transformer en prétorien, ou mieux ne fut chaque fois (ainsi qu'au 2 décembre) *qu'un prétorien de Panurge,* au prix d'une poignée de sesterces, d'une gorgée d'eau-de-vie.

La création et la propagation de la permanence militaire de la France, destinée d'après notre système d'organisation, à nous fournir, à l'occasion, nos armées en permanence, nous conduit forcément à la conservation de *privilégiés militaires.* Nous avons pour excuse de l'admettre, que nous subissons l'obligation de protéger ce qui nous reste de notre territoire contre les puissants temporaires qui nous enserrent, que nous usons du droit de légitime défense, en opposant au corps supérieur militaire, constitué, *par privilége,* de la noblesse du royaume, dans tout État monarchique, un corps spécial appelé à un rôle analogue de protection nationale dans tout état libre.

L'acquis de la perfection, dans les arts, en général, est la conséquence de l'application du principe de la division du travail, c'est-à-dire la conséquence du choix et de la poursuite, par chaque individu, de la carrière qui s'harmonise le mieux à son aptitude et à ses goûts. Malheureusement il en est de même pour les arts malfaisants que pour les arts bienfaisants.

Écoutons à ce sujet l'oracle de l'économie politique, Adam Smith : « L'art de la guerre devient naturellement, à mesure de « l'avancement de la société, l'un des arts les plus compliqués. « Les progrès de la mécanique, aussi bien que d'autres arts « avec lesquels il a une liaison nécessaire, déterminent le degré « de perfection auquel il est susceptible d'être porté à une « époque quelconque ; mais pour qu'il atteigne jusqu'à ce « point, il est indispensable qu'il devienne la seule ou la prin- « cipale occupation d'une classe particulière de citoyens, et la « division du travail n'est·pas moins nécessaire au perfection - « nement de cet art, qu'à celui de tout autre. »

Certes nous ne saurions nous faire ici illusion ; il sera très-difficile de constituer, d'urgence, une classe civique de privilégiés militaires, qui se recrutera au contraire à la longue, comme conséquence de l'application du système obligatoire et personnel. Nous aurons à lutter contre les prétentions de cette foule à tendances éparses, qui a détenu le pouvoir militaire du deuxième Empire ; là est la pierre d'achoppement. Nous allons nous trouver en présence d'un corps peut-être dépourvu du grand principe de cohésion, de la boussole nationale. Nous allons même nous trouver face à face avec certains protecteurs du coup d'État, du crime du 2 décembre, qui oseront peut-être soutenir que la nation battue, ruinée, démembrée, comme suite de la folie dynastique du prince de leur choix, doit, sans hésiter, se confier à eux, se livrer pieds et poings liés, par une nouvelle loi militaire, autorisant l'appel de toute la France valide sous les armes, supprimant le scrutin aux citoyens sous les drapeaux! Prétendre supprimer, même temporairement, aux citoyens l'exercice du vote légal, sous le prétexte de discipline, ne saurait être en effet qu'une amère dérision, préparée par l'école de ces mêmes prétoriens qui ont su, au jour néfaste, lancer une épée fratricide dans la bascule de l'Empire!

Espérons que l'Assemblée nationale, guidée par son amour pour la patrie malheureuse, saura plonger dans l'obscurité tous ces *communeux militaires*, et éviter ainsi à la France une nouvelle réussite prétorienne, qui conduirait, sans scrupule, nos enfants à l'horrible spectacle de la décomposition, de la fin de notre Gaule.

Mais le corps civique des privilégiés militaires, reconnu nécessaire, dans les conditions du jour, la division du travail démontrée et acceptée, en ce qui concerne ces citoyens chargés de la grande mission, ou mieux du sacerdoce, de défendre, d'assurer l'indépendance de la patrie, il reste à démontrer à la nation qu'elle y doit ajouter son aide d'action, dans tout son entier ; que la division du travail, indispensable pour la préparation du bon fonctionnement de la tête, ne saurait être que pernicieuse pour la santé du corps, et que, si la délégation peut être admise pour aider à la création d'un corps supérieur de défense, elle ne pourrait plus, sous peine de déchéance nationale, s'étendre à la délégation 'd'homme à homme, quand il s'agit de constituer nombre pour l'acte civique de citoyen armé.

La première citation du grand économiste devait être méditée. Passons à l'extrait suivant, qui, nous indiquant le danger, les causes de tous nos malheurs, doit nous inviter à nous pourvoir pour l'avenir à mettre notre beau pays à l'abri des tentatives des nations relativement misérables, surtout de tout nouvel envahissement, de toute exploitation ultérieure par ce peuple allemand, par cette puissance qui, en période de victoire, n'a pu aboutir à escompter de Berlin un emprunt de 500 millions, quand, quelques jours plus tard, notre pauvre France, vaincue, détroussée, rançonnée, s'est trouvée encore en mesure, par son crédit européen, de pratiquer un emprunt de 5 milliards.

Écoutons encore Adam Smith, recueillons-nous, et jurons de défendre notre bien : « Les exercices militaires finissent par « être tout aussi négligés par les habitants des campagnes que « par ceux des villes, et la masse du peuple perd tout caractère « guerrier. En même temps, cette richesse, qui est toujours la « suite du progrès des manufactures et de l'agriculture, et qui « dans la réalité n'est autre chose que le produit accumulé de « ces deux arts perfectionnés, *appelle l'invasion des peuples* « *voisins.* Une nation industrieuse, et par conséquent riche, « est celle de toutes les nations qui doit le plus s'attendre à « se voir attaquer; et si l'État ne prend pas quelques mesures « nouvelles pour la défense publique, les habitudes naturelles « du peuple le rendent absolument incapable de se défendre « lui-même. »

Avouons loyalement que ces dernières lignes sembleraient écrites pour peindre la détestable situation militaire de la France, au jour de la déclaration de la guerre de Prusse. Nous nous trouvions parvenus alors *à cette période d'immense richesse, qui appelle l'invasion des peuples voisins;* l'État n'avait pris aucunes mesures nouvelles pour la défense publique; nous commencions à devenir incapables de nous défendre nous-mêmes. Et désormais la patrie ne saurait être mise à l'abri des atteintes de catastrophes analogues, qu'à la condition que tous ses enfants devront, par un service réglementaire dans l'armée en permanence, acquérir l'éducation et les vertus militaires, et seront préparés ainsi à rentrer fructueusement dans les rangs, au jour du péril.

Oui, sachons l'avouer et ne plus l'oublier, la nation, dans son ensemble, était devenue égoïste, vénale, son patriotisme traditionnel sommeillait ; car, si depuis la Révolution, chaque règne éphémère qui en a enrayé les sublimes conséquences, pour mieux absorber et exploiter à son profit, jusqu'à la rupture de l'équilibre, une de ses conquêtes effectives, a pu être résumé par une courte définition d'égoïsme, et sa fin frappée d'un stigmate, le deuxième Empire avait, pour le malheur de la France, couronné l'œuvre de désorganisation, d'affaissement civique et militaire, par un règne d'immoralité, de cynisme, de honte. Aussi les citoyens, je ne dirai pas de choix, mais les citoyens en situation, mais les frères aînés des enfants de la France acceptaient, sans vergogne, d'être désintéressés de l'honneur, de la gloire, de la défense du sol sacré de la patrie.

Le jeune noble envoyait son valet de chambre solder au ministre le prix de l'exonération.

Le bourgeois comprenait le prix de l'exonération, comme cote mal taillée, dans le capital qu'il destinait à l'éducation de son enfant.

Le rural (si bon patriote jadis) achetait à son garçon, dès son jeune âge, une tirelire où la famille introduisait, sou à sou, la somme qu'on osait fixer alors, chaque année, comme prix d'un homme.

Et tes fils aînés osaient s'estimer ainsi quittes envers toi, ô ma patrie !

Passons aux conséquences d'un tel coupable affaissement national, pour la constitution économique de l'armée permanente de la France, à l'époque de la déclaration de cette guerre néfaste de 1870. Cette constitution peut se décomposer ainsi :

1° Le corps des officiers, formé de soldats volontaires arrivés, soit en passant par une école militaire spéciale, soit en sortant du rang [1] ;

2° Le corps des sous-officiers, composé alors, presque dans son entier, de vieux soldats restés volontairement au service, salariés profitant des primes de rengagement;

3° Les simples soldats, la plupart provenant des remplacements administratifs, des engagés avec prime, de quelques engagés volontaires ;

4° Enfin les soldats pour leur propre compte, payant directement *la dette du sang*, faute de ressources.

Nous aborderons délicatement la question des cadres des officiers, par égard pour les hommes de cœur et d'honneur qu'ils comprennent, par égard pour ces hommes courageux, qui, victimes de la dernière trahison dynastique d'un infâme pouvoir personnel, ont subi, pendant six longs mois de cantonnement à l'étranger, l'anxiété, la douleur immense *d'être de braves officiers français et de ne rien pouvoir pour la patrie.* Cependant, le sinistre dont notre malheureuse France a été la triste victime, a dû leur démontrer ainsi qu'à nous, certes mieux qu'à nous, à quel degré de bassesse ou de nullité se trouvaient tombés la plupart des officiers généraux d'alors, qui, trompant l'imprudente confiance de la nation aveuglée, ont pu aboutir à livrer sans défense la terre de la liberté, réduite à passer sous les fourches caudines d'un ennemi rapace et sans merci. Nous

---

[1] Les officiers fournis par le rang sont de deux sortes, les engagés volontaires et les jeunes soldats des classes parvenus; ces derniers sont également des officiers volontaires, puisque ayant payé la dette, ils avaient la facilité de rentrer dans leurs foyers.

comptons sur eux, sur un trop juste ressentiment, sur la pression du mépris, pour aider la nation à se débarrasser, à plonger dans un oubli trop justifié cet état-major supérieur de 1870, perdu aux yeux de la France, de l'Europe, du monde entier, responsable de tous nos malheurs, et qui tendrait, si on n'y mettait bon ordre, à accuser l'effronterie d'oser se charger de la réorganisation militaire de la nation régénérée par l'épreuve.

Le corps des sous-officiers composé (ainsi qu'il a été établi ci-dessus), sur environ 32,000, de 23,000 Français rengagés avec prime, pouvait certes constituer un corps solide de vieux soldats, mais il se renouvelait trop difficilement, et présentait une barrière infranchissable, presque inaccessible, aux jeunes engagés volontaires, qui, n'arrivant plus, se trouvaient réduits, soit à renoncer à la carrière des armes, soit à attendre la mort de ces vieux grognards.

N'est-on pas forcé de convenir que l'armée de 1870 ne pouvait plus être l'armée nationale de la France, puisqu'elle ne se renouvelait plus régulièrement, par l'introduction annuelle, dans ses rangs, des conscrits de chaque classe, que l'âme de cette armée ne pouvait plus être une réflexion convergente de l'âme, des tendances de la nation dans son ensemble, une production directe et complète de ses entrailles? Nous nous adressons à tout homme de bonne foi, quelle connexité, quelle solidarité nationale à attendre d'une armée ainsi composée, où, dans le corps seul des officiers, on parvient à retrouver, nous ne dirons pas une réflexion convergente de l'âme des tendances de la nation, mais au moins un produit après tout peu frelaté de ses entrailles; corps de privilégiés relatifs, qui, sachant se sacrifier généreusement, à l'occasion, pour la patrie, sert, en somme, dans l'intérêt de la poursuite d'une carrière librement choisie, dans l'intérêt de son avenir.

Nous avons essayé de rendre l'impression profonde ressentie, à l'examen de la question militaire, à la constatation du manque absolu de liaison des trois classes distinctes, dont était composée l'armée du deuxième Empire, surtout à la constatation de son manque de racines nationales.

Français! n'hésitons plus, appliquons le topique héroïque, nous pouvons encore nous sauver! Mais nous devons sans plus tarder *faire nous-mêmes nos affaires;* mais il est temps de ne plus confier la défense du territoire à des mercenaires, à quelques pauvres déshérités français ; il est temps de forcer à contribuer à la défense commune, au maintien de l'ordre, à la protection extérieure, à la gloire de la patrie, toutes les classes de la société, au prorata du nombre relatif des enfants de chaque caste; mais il est plus que temps de revenir à ce grand principe des nations libres, confessant que le droit de possession sur la terre a pour corollaire immuable la nécessité de protection directe et collective à l'occasion, et que la famille, la propriété, la richesse, la grandeur, l'indépendance de la France ne sauraient être désormais sauvegardées qu'à ce prix !

V

CONSIDÉRATIONS RELATIVES

A L'OCCUPATION ALGÉRIENNE.

Indépendamment des causes spéciales de désorganisation, dues à l'abandon du grand principe du service obligatoire et personnel des citoyens, et à l'application successive de lois militaires restrictives, de plus en plus détestables, il existe une cause extérieure d'affaissement, d'une nature toute de situation qu'il est urgent de signaler. Et nous n'hésitons pas à nous ranger de l'avis d'un grand homme d'État allemand, et à répéter après lui : que *l'Afrique a perdu les généraux français;* de plus à ajouter que l'occupation permanente de cette colonie a également contribué, surtout depuis vingt ans, à la perte de la discipline dans l'armée.

Sans contredit, il est loyal de reconnaître l'importance des travaux accomplis par les guerriers de la première heure. Les Valée, les Bugeaud, ont certes rendu d'immenses services militaires pendant la période de la conquête ; de plus même, rien n'était encore compromis vers la fin du règne de Louis-Philippe. Malheureusement l'armée d'Afrique, qui ne fut au début qu'un brave corps expéditionnaire, eut la douleur de constater qu'avec le temps, ses chefs, détournés de la bonne voie, s'abaissaient à se constituer *racoleurs de contributions indirectes militaires*, en convertissant en privilége d'exploitation la noble carrière des armes, cette noble carrière de l'abnégation et du sacrifice, en consentant à devenir *de détestables parasites*, inhabiles dès lors, au jour du danger, pour la protection de la patrie.

De plus, si la conquête de l'Algérie a pu, au début, former de bons soldats, la spécialité, l'effet à attendre de petites colonnes, la manière de résistance des indigènes, le mode adopté pour les réduire, n'ont pu constituer, sur cette terre lointaine, qu'une école de petite guerre, anodine pour dresser des généraux au commandement des masses, pour les perfectionner dans l'art des grandes théories de la stratégie et de la tactique. Toutefois, nous reconnaissons que, jusqu'en 1845, elle a pu former des chefs secondaires vigoureusement trempés, de bons soldats, et surtout *ces chacals légendaires*, préparés à point pour la guerre de partisans, pour l'accomplissement de ces hauts faits personnels, qui ont excité longtemps une trop juste admiration.

Mais depuis 1845, la triste conséquence de l'exercice des fonctions administratives, maintenues imprudemment à des soldats, s'est accentuée, en ce sens, que la plupart des chefs militaires de ces derniers temps, de passage, au début de leur carrière, dans cette déplorable école de démoralisation, intitulée *bureaux arabes* (ou mis en rapport, jeunes encore, avec ces administrés indigènes formés de longue main, par les Turcs leurs prédécesseurs, à la pratique de la corruption et de la

concussion), ont pu se rendre compte, sans renoncer à un monopole véreux, que bon nombre des camarades, cédant à la
tentation de l'habitude orientale, *cascadèrent* dans une admi-
nistration forcément sans contrôle. L'armée oubliait ainsi que,
comme la femme de César, elle ne doit pas même être soupçon-
née. Aussi l'aventurier de Boulogne sut faire tourner, au profit
de sa détestable tentative, un courant dissolvant encore peu
sensible à l'époque. Ce fut en effet dans ce beau pays qu'il prépara, comme en serres chaudes, les janissaires de son crime ;
ce fut de l'Algérie qu'il tira, à point, ses massacreurs, les Es-
pinasse et les Saint-Arnaud. A partir du 2 décembre, le
courant devint torrent, car aux janissaires, il faut aussi de l'or,
beaucoup d'or pour parer les 'courtisanes, pour dorer les oripeaux. — *Le fief militaire était tout trouvé.*

Le successeur *prenait la suite des affaires* des prédécesseurs,
et pour récompenser *l'intendant associé*, on le poussait, on le
poussait.

Et alors on vit des avancements inouïs ; et alors on put exploiter, sans vergogne, la pépinière des hommes d'avenir, le
pays aux promenades et aux pétarades arabes, le champ aux
graines d'épinards, où les galons pleuvaient !

La camarilla, l'infâme camarilla avait sa corne d'abondance ;
la France était dès lors à la merci de l'étranger. . . . . .

. . . .

Nous pourrions nous étendre loin sur cette considération
spéciale ; mais notre confiance dans le grand cityen [1] qui
s'est chargé d'extirper la lèpre algérienne explique notre réserve.

[1] M. de Gueydon, gouverneur général civil.

VI

PRINCIPES FONDAMENTAUX.

CONCLUSION

Ainsi que nous l'avons annoncé plus haut, nous n'avons certes jamais pu avoir la prétention d'entrer dans les détails techniques d'une loi militaire. — Notre seul but a été d'étudier la question au point de vue civique, au point de vue surtout de la transformation civique, suivant les circonstances, du citóyen en soldat et du soldat en citoyen ; et nous avons résumé, dans un projet de principes fondamentaux, des dispositions générales qui, tout en assurant, selon nous, les nécessités militaires, nous paraissent en même temps respecter la jouissance des grands principes, les droits immuables de l'homme et du citoyen.

Nous laisserons pour le moment de côté la question financière [1], nous bornant à avancer que la France ne saurait hésiter à sacrifier, même un milliard, pour se réorganiser, pour

[1] La question financière pourra faire l'objet d'un opuscule à part, au moment de la discussion de la loi militaire, par l'Assemblée nationale.

se sauver, après avoir consenti à sacrifier dix milliards pour aboutir au naufrage.

Dans ces derniers temps, il a été formulé et répété une pensée économique que la réaction a exploitée à satiété comme un bon mot, ou mieux comme une facétie : Pour fonder une bonne république, aurait-on avancé, il serait nécessaire, par prudence, d'y employer le moins possible de républicains.

Nous formulons aujourd'hui avec conviction une pensée sœur : Pour organiser *une bonne armée nationale*, il serait peut-être prudent d'y employer le moins possible de militaires?

On doit avoir le courage de ses opinions. — Serait-il sage, prudent, de confier de nouveau l'honneur de la France, la protection de l'intégrité de ce qui nous reste de territoire aux chefs militaires du jour, qui offrent, pour la plupart, comme seules garanties de civisme, de capacité militaire, une part aliquote dans les hauts faits de Sedan et de Metz, et dont quelques-uns jouissent de fortunes militaires scandaleuses, conquises le 2 décembre dans les rues de Paris !

N'y aurait-t-il pas crime, folie, à livrer à nouveau la France à ceux qui l'ont perdue !

Notre projet renferme vingt articles, constituant, pour nous, *la déclaration d'une réorganisation militaire* compatible avec les droits immuables de l'homme et du citoyen.

PRINCIPES FONDAMENTAUX.

DISPOSITIONS GÉNÉRALES.

Art. 1er. — Le service militaire obligatoire et personnel des citoyens, conquête de la révolution, est rétabli en France.

Art. 2. — Tout citoyen reconnu valide, de vingt à

soixante ans, concourt dans la limite de ses forces, comme nombre ou utilité, à la constitution de la permanence militaire de la France, et est déclaré *citoyen soldat*.

Art. 3. — Les citoyens servent trois ans, sous les drapeaux, *dans l'armée en permanence*.

Art. 4. — Le *citoyen soldat* n'est électeur qu'à vingt-trois ans, après avoir payé la dette dans l'armée en permanence.

Art. 5. — La durée du service, dans l'armée en permanence, peut être réduite à deux ans pour les jeunes citoyens destinés aux cultes, à l'enseignement, aux carrières libérales.

Art. 6. — Chaque année, l'Assemblée nationale fixe le nombre et la désignation des carrières dites libérales.

Art. 7. — Les citoyens ministres des cultes sont libérés, *à titre définitif*, de tout service militaire, du jour où ils sont liés aux ordres.

Art. 8. — Les jeunes Français à constitution forte et précoce, dûment constatée, peuvent devancer l'appel, et sont admis à payer la dette dans l'armée en permanence à partir de dix-huit ans.

Art. 9. — La morale et le respect de la liberté individuelle interdisent à toute loi militaire la faculté d'entraver le mariage des citoyens adultes.

Art. 10. — Les citoyens libérés de l'armée en permanence constituent la réserve militaire de la France.

Art. 11. — Le rappel sous les drapeaux des citoyens libérés s'opère graduellement, en commençant par les plus jeunes ; les plus jeunes sont les jeunes gens libérés ayant devancé l'appel.

Art. 12. — Le rappel d'une classe ou de plusieurs classes, fait chaque fois l'objet d'une loi de rentrée en permanence.

Art. 13. — Nul ne peut être officier français, sauf cas d'action d'éclat à l'ennemi, sans avoir servi six mois comme simple soldat, puis une année comme sous-officier, et avant d'avoir satisfait au programme d'examen spécifié annuellement par l'Assemblée nationale.

Art. 14. — Les citoyens rappelés légalement sous les drapeaux passent sous l'autorité militaire civique, et par suite sont soumis aux lois militaires.

Art. 15. — Les citoyens soldats, non rappelés légalement sous les drapeaux, sont organisés régulièrement, comme gardes urbaines, sous les ordres des autorités civiles.

Art. 16. — Les chefs de tout ordre des gardes urbaines sont nommés à l'élection par les citoyens gardes urbains.

Art. 17. — *La cité est généralement gardée par la cité;* l'armée en permanence, destinée spécialement à la protection extérieure, n'intervient que pour le cas d'absolue nécessité.

Art. 18. — Le respect des droits immuables de l'homme et du citoyen interdit à toute loi militaire la prétention de supprimer, même temporairement, l'exercice *du vote légal.*

Art. 19. — Dans les armées françaises, il n'y a ni prime en argent, ni prix quelconque d'engagement.

Art. 20. — Une subvention pourra être accordée aux familles nécessiteuses des citoyens sous les drapeaux, sur certificat régulier de qui de droit.

Présentons quelques observations succinctes sur chacune de ces dispositions générales.

L'article 1er : « Le service militaire obligatoire et personnel « des citoyens, conquête de la Révolution, est rétabli en « France » formule, ainsi qu'il aurait été démontré plus haut, un principe fondamental, conquête de la Révolution qu'il s'agit d'appliquer d'urgence avec toutes ses conséquences, sous peine de déchéance nationale. Nous espérons, par cet opuscule, avoir abouti à exposer les considérations, soit de l'ordre moral, soit de l'ordre économique, qui imposent d'urgence à la nation le service obligatoire et personnel des citoyens.

Resterait à écarter les arguments spécieux, faux et égoïstes, qui, jusqu'à ce jour, ont pu conduire les gouvernements qui se sont succédé en France depuis l'an VI à tolérer la substitution militaire, avec la participation, soit directe, soit indirecte de l'État. On invoque généralement, pour justifier la nécessité du remplacement militaire, des considérations tirées de la liberté des transactions et des vocations. — La liberté des transactions doit, suivant ses adeptes, conduire à tolérer un genre de transaction où chacun des contractants trouve son avantage. — Au nom de la liberté des vocations, on demande pourquoi un homme, dont la vocation serait d'être soldat, ne pourrait-il point être autorisé à se substituer à un jeune Français qui désirerait ne point l'être? — La réponse est catégorique. — Il ne s'agit point ici de liberté, *mais de devoir absolu,* d'une obligation contractée en naissant, d'une dette civique, au payement de laquelle nul ne saurait se soustraire, au-dessus de toute transaction vénale, dette absolue *comme l'impôt et la mort,* que tout citoyen doit solder *avec ou sans vocation.*

On ajoute subsidiairement : que les conséquences du service militaire ne sont point égales pour tous les membres d'une nation ; que l'appel sous les drapeaux du jeune prolétaire ne saurait en réalité lui fermer une carrière, tandis qu'au contraire, pour le jeune Français aisé, cette obligation lui interdit tout parachèvement de son éducation, les études supérieures et spéciales indispensables à l'accès des carrières libérales. — On est allé plus loin : on a osé s'apitoyer ; on a osé formuler que le service militaire personnel aurait pour effet de diminuer la concurrence pour les emplois à salaires élevés, et au contraire à augmenter la concurrence pour les travaux manuels; que par suite la tolérance de l'exonération prenait naissance dans un sentiment démocratique, tournait à l'avantage du prolétaire. — Il suffit de répondre : que les carrières libérales sont depuis bon nombre d'années encombrées outre mesure; que *la main-d'œuvre* fait généralement défaut en France, surtout dans les campagnes; que la nation, débordée par des clans de demi-savants, de parasites, ne possède plus assez de bons travailleurs.

Terminons, en remarquant que des arguments sans portée déjà, quand la durée du service militaire était fixée à sept ans, deviendraient ridicules du jour où, pour les jeunes citoyens destinés aux carrières libérales, elle pourrait être réduite à deux années.

Par l'article 2 : « Tout citoyen, reconnu valide, de vingt à « soixante ans, concourt dans la limite de ses forces, comme « nombre ou utilité, à la constitution de la permanence mili- « taire de la France, et est déclaré *citoyen soldat*, » nous n'avons certes jamais pu avoir la pensée d'admettre qu'il pourrait devenir possible de mobiliser sous les drapeaux de l'armée en permanence, même pour faire face à un danger national absolu, tous les hommes valides de vingt à soixante ans. Nous ne pouvions donner dans une telle utopie. — Mais nous avons tenu à consacrer *ce principe primordial de défense collective,* consistant à reconnaître que tout citoyen ne saurait être libéré du service militaire que du jour où il serait en droit d'être classé régulièrement comme *invalide*, et partant impropre à porter le mousquet.

D'un autre côté, la limite de l'âge de soixante ans devant constituer, selon nous, la limite extrême de l'âge de service présumée des citoyens dans les gardes urbaines, nous avons tenu à ne pas prévoir d'*âge possible de démarcation* entre les devoirs militaires et les devoirs civiques, qui dérivant, d'obligations continues, connexes, ne peuvent comporter de classifications partielles. — Mais il est bien évident que jamais les nécessités les plus cruelles de la défense du sol sacré ne sauraient conduire au rappel graduel, sous les drapeaux, des classes au delà de celle des citoyens âgés de trente-huit ans, mesure de salut public qui constituerait une armée d'opération forte d'environ 2,500,000 hommes.

Mais ce que l'article 2 devait par-dessus tout mettre en relief, c'est que de vingt à soixante ans tout citoyen français est proclamé citoyen soldat dans le sein de la République.

Par l'article 3 : « Les citoyens servent trois ans sous les drapeaux dans l'armée en permanence, » nous avons porté à trois ans le service obligatoire, dans l'armée en permanence, ce laps de temps nous paraissant suffisant pour former d'excellents soldats. Ce laps de temps est indiqué comme temps moyen, car il est probable qu'il pourra être restreint pour former l'infanterie, et devra probablement être étendu pour les armes spéciales (génie et artillerie), et peut-être pour la cavalerie.

Chaque classe fournit environ 190,000 jeunes soldats; par suite, tenant compte d'un côté de la concession d'une année de service tolérée en faveur de la poursuite des carrières libérales, et du complément fourni par les engagements volontaires dans l'armée en permanence, on arrive ainsi sans peine à constituer une armée régulière d'environ 450,000 hommes.

Par l'article 4 : « *Le citoyen soldat* n'est électeur qu'à « vingt-trois ans, après avoir payé la dette dans l'armée en per- « manence, » on a entendu établir ce principe, que le citoyen ne peut être électeur qu'une fois l'éducation militaire acquise, c'est-à-dire du jour où il a été mis en mesure de pouvoir protéger *dans des conditions complètes*, appuyer personnellement l'exécution des lois, ainsi que la direction politique extérieure ou intérieure, imprimée au pays par les mandataires qu'il a concouru à élire.

L'article 5 a pour objet de réglementer la concession d'une année de service, dans l'armée en permanence, admise en faveur des jeunes gens destinés aux carrières libérales, qui, distribués de plus, autant que possible, dans les corps en garnison dans les villes pourvues de cours d'enseignement supérieur, pourraient être mis, par là, en mesure de poursuivre leurs études, pour ainsi dire sans solution de continuité.

Par l'article 6, nous avons formulé le désir de ne rien laisser de ce côté à l'intrigue, à la faveur, et en conséquence, de spécifier la détermination annuelle, par les représentants de la nation, des carrières libérales, dont le nombre peut être à modifier, en considération de nécessités spéciales.

Par l'article 7 : « Les citoyens ministres des cultes sont « libérés, à titre définitif, de tout service militaire, du jour où « ils sont liés aux ordres, » nous avons entendu spécifier que les ministres des cultes pouvaient être les seuls citoyens français libérables du service militaire, à titre définitif, le jour où ils seraient ordonnés, condition qui ne saurait se présenter, vu l'âge réglementaire à cet effet, qu'après le payement de la dette civique dans l'armée en permanence. Et ainsi se trouverait également assurée, de ce côté, l'application de ce grand principe fondamental, que tout Français doit obligatoirement remplir *les conditions d'un citoyen-soldat.*

L'article 8 a pour but de faciliter la libération de la dette réglementaire, dans l'armée en permanence, aux jeunes gens à constitution forte et précoce ; la proportion *maxima relative* à admettre par classe, pour ces jeunes favorisés, fera l'objet d'un règlement militaire spécial. Cette concession est, du reste, favorable, tout aussi bien aux jeunes lettrés qu'aux enfants des campagnes, qui, eux surtout, sont en situation de concevoir le désir de se libérer de l'obligation militaire réglementaire avant de s'engager dans les liens du mariage.

Par l'article 9 : « La morale et le respect de la liberté indi-« viduelle interdisent à toute loi militaire la faculté d'entraver « le mariage des citoyens adultes, » nous avons entendu consa-crer, imposer la reconnaissance absolue de la plus noble manifestation du grand principe de la liberté individuelle, surtout dans l'espèce, où toute entrave à la liberté serait en même temps un atteinte à la morale, à la dignité humaine, un obstacle à l'accomplissement des fins de l'humanité sur la terre.

L'article 10 : « Les citoyens libérés de l'armée en perma-« nence constituent la réserve militaire de la France, » est le complément logique de l'article 2 ; il proclame le grand principe *de solidarité civique militaire constante entre citoyens*, et n'admet, comme seule limite extrême des devoirs militaires, uniquement que la constatation légale de l'invalidité.

Par l'article 11 : « Le rappel sous les drapeaux des citoyens « libérés s'opère graduellement, en commençant par les plus « jeunes ; les plus jeunes sont les jeunes gens libérés ayant de-« vancé l'appel », on a désiré établir que le mode graduel de mise en permanence se présentait comme déduction immédiate, naturelle de l'application du principe général du service militaire obligatoire et personnel. Mais il est manifeste qu'il appartiendra à l'étude des clauses de détails de la loi militaire d'assurer le concours utile, immédiat, des premières classes libérées, c'est-à-dire leur maintien en haleine. On pourrait classer, comme première réserve, les citoyens de vingt-trois à vingt-cinq ans, en mesure de fournir environ 250,000 soldats formés, et comme deuxième réserve, les citoyens de vingt-cinq à vingt-huit, pouvant fournir environ 300,000 hommes ; de façon à être ainsi en mesure de mettre en quinze jours en ligne 1,000,000 d'hommes, y compris l'effectif de l'armée en permanence (environ 450,000 hommes). Pour la première réserve, deux mois de rappel régulier sous les drapeaux paraissent suffisants, et environ un mois pour la deuxième.

L'article 12 a pour but de préciser que le rappel des classes ne saurait être opéré qu'en vertu d'une loi.

L'artiele 13 « Nul ne peut être officier français, sauf cas « d'action d'éclat à l'ennemi, sans avoir servi six mois comme « simple soldat, puis une année comme sous-officier, et avant « d'avoir satisfait au programme d'examen spécifié annuel-« lement par l'Assemblée nationale », nous a été inspiré par un sentiment de respect pour le principe d'égalité, corroboré par une nécessité reconnue. Pour nous, en effet, tout citoyen, avant d'être admis à servir la France en qualité de citoyen of-ficier, ne saurait être dispensé de passer, ainsi que, *tout autre lettré*, sous le niveau militaire légal ; la poursuite ultérieure de toute carrière, c'est-à-dire la division du travail, surtout pour la carrière militaire, ne pouvant être admissible qu'après la dette civique payée. Ainsi, l'officier aura appris à commander en apprenant à obéir, et sera placé dans la nécessité de remplir, dans l'intérêt de son éducation militaire, les fonctions impor-tantes de sous-officier. — De plus, le programme des connais-sances jugées indispensables pour être fait officier devant être déterminé annuellement par l'Assemblée nationale, la na-tion se trouvera par là constituée juge souverain des conditions constitutives à remplir pour tout priviliégié militaire, — Il appartiendra en outre aux détails de la loi militaire de préciser le mode de constatation des conditions à acquérir pour postuler aux grades supérieurs. — C'est ainsi, que tout officier sortant obligatoirement du rang, on sera parvenu, en supprimant *tout monopole militaire*, à constituer le grand corps démocratique civique, chargé de rendre en France les services nationaux obtenus de ces corps aristocratiques appelés par privilége à commander les armées des monarchies. — Et alors seulement, le corps des *privilégiés militaires* sera un reflet, une production directe et complète des entrailles de la nation.

L'article 14 constate, ce qui est conforme aux nécessités militaires, que les citoyens rappelés légalement sous les drapeaux passent sous l'autorité militaire.

Les articles 15 et 16 ont pour but d'introduire dans la loi militaire la reconnaissance de l'organisation des gardes urbaines, et de ses principes fondamentaux constitutifs.

L'article 17 : « *La cité est généralement gardée par la cité,* « l'armée en permanence destinée à la protection extérieure, « n'intervient que pour le cas d'absolue nécessité, » a pour but d'inscrire dans la loi militaire ce grand principe civique qui impose l'obligation à tous les citoyens valides, non rappelés sous les drapeaux de l'armée en permanence, de s'organiser en gardes urbaines, sous les ordres et la surveillance de l'autorité civile. — En disposer autrement, supprimer cette faculté, ou mieux cette obligation aux Français, ne serait-ce pas mettre la nation à la merci du cimeterre d'un prétorien, proclamer la déchéance morale et civique du pays, décréter l'état de siége permanent de la terre de la liberté [1] ?

---

[1] Les articles 15, 16 et 17 nous ont été inspirés par la constatation d'un courant anticivique d'un jour, qui tendrait à imposer à la nation *un salut d'occasion*, étayé par une organisation militaire de plus en plus prétorienne.

L'article 18 : « Le respect des droits immuables de l'homme « et du citoyen interdit à toute loi militaire la prétention de sup- « primer, même temporairement, l'exercice du vote légal, » a pour but de protester énergiquement contre des prétentions césariennes à l'ordre du jour, en déclarant que tout citoyen soldat âgé de vingt-trois ans, ayant payé sa dette dans l'armée en permanence, ne saurait être privé, sous aucun prétexte, de l'exercice du vote légal. — Oser demander à la nation la reconnaissance de la nécessité, à l'occasion, de la mise en permanence, sous les drapeaux, de tous les citoyens valides de vingt à quarante ans, et réclamer en même temps, sous prétexte de discipline, la suppression du vote légal aux citoyens sous les armes, ne peut que nous conduire à la constatation de la persistance d'une période d'hallucination, ou mieux, ne peut, pour nous, qu'équivaloir à cette proposition anti-patriotique : laissez-nous nous engager dans la même voie, et bientôt nous aurons sablé encore deux provinces !

La portée des articles 19 et 20 se saisit sans développements spéciaux.

Tels devraient être, selon nous, les principes fondamentaux de toute loi militaire civique, appelée non-seulement à régénérer la nation, mais de plus reconnue indispensable aujourd'hui pour l'abriter, pour la protéger. — C'est ainsi, du moins, que nous comprenons les dispositions générales de cette loi de salut public, qui, complétée d'une bonne loi d'enseignement, comblerait nos plus chères espérances, aboutirait, par le contact de toutes les classes de jeunes citoyens sous le niveau militaire, à détruire l'effroyable égoïsme qui nous a perdus, et nous conduirait à retrouver le principe gouvernemental qui nous fait tant défaut. — Car, si le bon citoyen a pu jusqu'ici se transformer sans peine en bon soldat, le soldat ne s'est pas toujours maintenu bon citoyen. Et c'est dans la transformation légale, prévue, réglementée, sans solution de continuité, du citoyen en soldat, et du soldat en citoyen, dans la constitution légale du *citoyen soldat*, que nous espérons avoir rencontré la solution nationale pratique.

Les principes fondamentaux que nous avons formulés nous semblent remplir le double but, et faire la part de chaque situation sociale.

L'armée de la France doit être mise désormais à l'abri de machinations prétoriennes comme au 18 brumaire, d'indignes forfaitures comme au 2 décembre, de courants de folie ou d'infamies comme en 1870 ; ainsi que la nation elle en fut chaque fois la triste victime. Qu'elle aide donc loyalement à sa transformation, à son épuration ; que les officiers purs se comptent, se groupent, se retrempent dans la pratique des vertus civiques ; qu'au jour du danger la France ne soit plus une armée de 400,000 hommes, mais une nation de 36 millions d'habitants ; qu'au jour de l'invasion, il ne puisse plus exister parmi nous de multitude éparse, désintéressée de l'épreuve, de villes ouvertes ; que la solidarité vivifiante déroute les conventions des despotes ; que le sol sacré de la liberté devienne pour les patriotes un champ de victoire, pour l'étranger un champ de mort, et ne soit plus un détestable champ clos de prétoriens, impénétrable pour la nation. — L'amour, la reconnaissance du pays, la gloire la délivrance de la patrie sont à ce prix.

Puis nous ajoutons, pour les chefs militaires de bonne volonté : sachez respecter les principes fondamentaux de toute société d'hommes libres ; appliquez le principe du service obligatoire et personnel des citoyens dans toute sa sublime pureté ; conservez au citoyen soldat sous le niveau militaire les qualités constitutives du citoyen ; respectez chez le citoyen, sous les armes, l'autonomie morale, le droit absolu au vote et à la famille ; prenez-nous les citoyens pour le service de la patrie, mais sachez nous rendre des citoyens.

Formez des armées disciplinées, mais rompez avec ces traditions prétoriennes qui, sous le couvert de la discipline, ont pu conduire dernièrement sous Metz une armée de 150,000 Français à ne rien tenter pour la patrie, à assister impassible aux misérables combinaisons dynastiques d'un général français !

Pénétrez-vous bien que la discipline doit peser comme un bouclier, et jamais comme un joug.

Respectez le principe primordial des gardes urbaines civiques, trait d'union indispensable entre le soldat et le citoyen.

Et avant que nos cheveux aient blanchi, avant que la nation ait perdu le souvenir, nous assisterons à l'œuvre de régénération, de délivrance, car alors, réalisant l'antique espérance du grand Pompée, nous pourrons gronder tous ensemble : *il suffit de frapper du pied notre bonne terre de France, pour en faire jaillir des légions.*

FIN.

Clichy. — Imprimerie Paul Dupont et Cie., rue du Bac-d'Asnières, 12.